RÉPERTOIRE
DU THÉATRE MODERNE

FLEUR-DE-THÉ

OPÉRA-BOUFFE EN TROIS ACTES

PAROLES DE

MM. ALFRED DURU ET HENRI CHIVOT

MUSIQUE DE

M. CHARLES LECOCQ

Représenté pour la première fois, à Paris, sur le théâtre
de l'Athénée, le 11 avril 1868.

PARIS

E. DENTU, ÉDITEUR

LIBRAIRE DE LA SOCIÉTÉ DES GENS DE LETTRES

PALAIS-ROYAL, 17 ET 19, GALERIE D'ORLÉANS

FLEUR-DE-THÉ

POISSY. — IMP. DE A. BOURET.

FLEUR-DE-THÉ

OPÉRA-BOUFFE EN TROIS ACTES

PAROLES DE

MM. ALFRED DURU & HENRI CHIVOT

MUSIQUE DE

M. CHARLES LECOCQ

Représenté pour la première fois, à Paris, sur le théâtre de l'Athénée,
le 11 avril 1868.

PARIS

E. DENTU, ÉDITEUR

LIBRAIRE DE LA SOCIÉTÉ DES GENS DE LETTRES

PALAIS-ROYAL, 17 ET 19, GALERIE D'ORLÉANS

1868

Tous droits de traduction et de reproduction réservés.

PERSONNAGES

TIEN-TIEN, mandarin à boules de zinc,
chargé de la police générale de Pékin.. **MM.** Désiré.
KA-O-LIN, capitaine des Tigres......... Léonce.
EUSTACHE PINSONNET, cuisinier à bord
de la corvette *la Pintade*, cantinier de
l'armée française..................... Sytter.
CORBILLON, maître timonier de la corvette *la Pintade*................... Fontenelle.
CÉSARINE, femme de Pinsonnet, canti-
nière............................... **Mmes** Irma Marié.
FLEUR-DE-THÉ, fille de Tien-Tien..... Lucie Cabel.

Marins et soldats français, Chinois et Chinoises.

La scène se passe à Pékin.

Décors de M. Fromont. — Costumes dessinés par M. Draner et
exécutés par M. Hapel. — Accessoires de M. Saqui.

S'adresser pour la mise en scène détaillée à M. Marc Leprevost,
régisseur général du théâtre de l'Athéné.

La partition se trouve chez MM. Brandus et S. Dufour, 103,
rue de Richelieu.

FLEUR-DE-THÉ

ACTE PREMIER

Le théâtre représente une cantine française installée dans une maison chinoise sur le bord de la rivière. — Des barils de vin — des étagères avec des bouteilles — des tables et des bancs. — Fond ouvert. — On aperçoit les mâts d'un petit navire français. — A gauche l'entrée de la cave fermée par une porte grillée.

SCÈNE PREMIÈRE

CORBILLON, MARINS et SOLDATS FRANÇAIS attablés — puis CÉSARINE.

CHŒUR.

A boire, à boire, à boire !
Puisque nous sommes enfin,
En nous couvrant de gloire,
    Entrés dans Pékin,
Arrosons notre victoire,
Avec des flots de bon vin !
A boire ! à boire ! à boire !

CORBILLON.

Mais où donc est ce matin,
Notre belle cantinière,
Dont l'œil noir est si mutin
Mais dont le cœur est de pierre ?

CÉSARINE, en vivandière, sortant de gauche.
Me voici, me voici... prête à vous obéir...
Que faut-il, messieurs, vous servir ?

CHŒUR

La voilà, c'est-elle,
Elle, dont l'aspect enchanteur
Ici nous rappelle
La France chère à notre cœur !

CÉSARINE
Cantinière,
Vivandière,
Parlez, que désirez-vous ?
Et de suite
Je sers vite
Des liqueurs pour tous les goûts !

I

Par un discours incendiaire
Jeunes galants voulez-vous plaire ?
Prenez mon kirsch, il donne de l'esprit !
Pour vous gourmands que l'on convie
Près d'une table bien garnie
Voici l'absinthe, elle ouvre l'appétit !
Vivandière,
Cantinière,

Etc.

II

Parfait amour !... on en demande
De tous côtés à la marchande.
Non, non, messieurs, non ce n'est pas pour vous.
— Ah ! voyons, soyez moins sauvage,
— Non, c'est un' liqueur de ménage
Qu'on doit toujours garder pour son époux !
Vivandière,
Cantinière
Etc.

CORBILLON, se levant.

Bravo... ah! ça, madame Pinsonnet, vous avez donc avalé un rossignol?...

CÉSARINE.

Toujours galant, monsieur Corbillon...

CORBILLON.

Galant, c'est mon essence... et inflammable comme une allumette chimique, à cause de ce gredin de soleil qui vous tape sur le cuir bouilli...

CÉSARINE.

Il est de fait que Pékin jouit d'une température infiniment plus corsée que celle de la rue Saint-Denis...

CORBILLON.

En avons-nous fait de l'ouvrage depuis deux mois... nous avons pris Pékin... nous avons pris le palais d'été... enfin nous avons pris tant de choses... que nous prendrions bien un petit verre de rhum...

CÉSARINE.

Voilà... pur Jamaïque. (Tout en leur versant à boire.) Ah ça, dites donc, savez-vous la nouvelle... on prétend que nous rembarquons demain...

CORBILLON.

Tant mieux... quelle chance de renaviguer avec vous, ô cantinière de mes rêves... (Il veut lui prendre la taille.)

CÉSARINE, se dégageant.

Eh bien, qu'est-ce que c'est, maître Corbillon... il me semble que vous vous émancipez pas mal... si mon mari vous voyait...

CORBILLON.

Votre mari, madame Pinsonnet, c'est le cuisinier de notre corvette *la Pintade* et comme cuisinier je le respecte... mais comme homme marié, j'éprouve du plaisir à le mécaniser parce que je trouve qu'il a trop de chance.... car enfin il est toujours dehors, à droite ou à gauche...

CÉSARINE.

C'est vrai...

CORBILLON.

Vous voyez, il est encore sorti...

CÉSARINE.

Oh! s'il avait le malheur de me jouer des tours, je ne sais pas ce que je ferais...

CORBILLON.

Vous l'aimez donc bien?

CÉSARINE, avec force.

Si je l'aime, si je l'aime, le monstre!... Je l'adore... malheureusement pour moi...

SCÈNE II

LES MÊMES, PINSONNET.

PINSONNET, qui est entré sur les derniers mots, s'approchant de Césarine.

Et heureusement pour lui... (Il l'embrasse). Bonjour, les amis...

LES MARINS, lui donnant des poignées de main.

Bonjour, Pinsonnet...

CÉSARINE.

Enfin, te voilà de retour, ce n'est pas malheureux...

PINSONNET.

Que veux-tu, Césarine, je suis curieux... c'est ma nature... J'ai appris ce matin que le chef de la police de Pékin, le grand mandarin Tien-tien, — un fichu nom, mes enfants, — devait aller visiter *la Pintade* en grande cérémonie et accompagné d'un brillant cortége... Je ne pouvais pas rater ça...

COUPLETS

J'ai couru grossir la foule
Qui là-bas se bousculait,
Afin d'admirer la boule
De ce mandarin fort laid!

Quels bonshommes drôlatiques
Que ces magots jaunes, verts,
Avec leurs faces coniques
Et leurs gros yeux de travers !

Aimez-vous une ville
Où du soir au matin
L'esprit se désopile?
Choisissez-moi Pékin!
   Pékin! Pékin!
Tin! tin! tin! tin!
    Pékin!

Ces chinois avec leurs tresses
Qui pendent sur leurs mollets,
Me font l'effet de Suissesses
Vendant des petits balais !
Quand ils veulent se distraire
Et bien s'amuser entr'eux,
Ils fument un somnifère
Et ronflent à qui mieux mieux.

Aimez-vous une ville
Où du soir au matin
L'esprit se désopile?
Choisissez-moi Pékin!
   Pékin ! Pékin!
Tin ! tin ! tin ! tin !
    Pékin !

Ah ! mes enfants, les bonnes caricatures... surtout cet estimable Tien-tien, — un fichu nom, — tout le portrait de mon ancienne portière...

CORBILLON.

On prétend qu'il a une fille charmante...

PINSONNET.

C'est possible... mais il ne la montre pas... règle générale : ici on ne laisse sortir que les femmes laides... celles qui sont jolies restent au logis et ne peuvent se faire voir sous peine de mort... comme c'est récréatif...

CÉSARINE, avec ironié.

A ta place j'entrerais dans les maisons...

PINSONNET.

J'y ai pensé...

CÉSARINE.

Voyez-vous ça... tu voudrais peut-être goûter aux femmes des mandarins ?...

PINSONNET, gaiement.

Pourquoi pas... j'aimerais assez une petite mandarine...

CÉSARINE, le pinçant.

Hein ?

PINSONNET.

Aïe !... grosse bébête, tu ne vois pas que je ris... Est-ce que je peux aimer une autre femme que toi... est-ce que je le peux ?...

CÉSARINE.

Enfin, suffit !... tu sais ce que je t'ai dit... au moindre soupçon je t'arrache les yeux...

PINSONNET.

C'est convenu... c'est convenu...

CÉSARINE.

En attendant, au lieu de courir la prétentaine, tu ferais bien mieux de t'occuper de ton commerce... et de chercher à placer ce panier de vin de Champagne dont nous ne pouvons nous défaire...

PINSONNET.

J'y songe, ma femme, j'y songe... je le placerai, sois tranquille... (On entend un coup de canon.) Ah ! voilà le cortége qui s'approche de la corvette.

CORBILLON, aux Marins.

Alors, enfants, à notre poste... filons...

LES MARINS.

Filons... (Ils sortent par le fond à gauche.)

CÉSARINE, à Pinsonnet.

Et nous, rangeons bien vite la case... nous allons avoir

des pratiques... Je vais donner un coup de plumeau dans la
grande salle... dépêche-toi de tout mettre en ordre ici...

PINSONNET.

Oui, ma femme...

CÉSARINE.

Et tu sais... pas de bêtises!... pas de bêtises!... ou je
t'arrache les yeux... (Elle entre à droite.)

PINSONNET, la suivant.

Tu l'as déjà dit... c'est convenu... chose convenue, chose
due...

SCÈNE III

PINSONNET, puis FLEUR-DE-THÉ.

PINSONNET.

Est-elle d'une jalousie, mon épouse, en est-elle d'une!...
(Il range.) Avec ça qu'elles sont jolies les Chinoises... On
assure pourtant qu'il y en a de ravissantes... ce ne sont pas
celles que j'ai vues toujours!... Oh! non!...

DUO.

FLEUR-DE-THÉ, paraissant au fond.
A l'éviter j'ai réussi!
Ah! vite cachons-nous ici!

PINSONNET, l'apercevant.
Une femme!... qu'elle est jolie!
Vraiment c'est un morceau de roi!

FLEUR-DE-THÉ, descendant.
Ah! monsieur, je vous en supplie!
Sauvez-moi! sauvez-moi!

ENSEMBLE.

PINSONNET.	FLEUR-DE-THÉ.
O ciel! qu'elle est jolie	Monsieur, je vous en prie,
C'est un morceau de roi!	Sauvez-moi, sauvez-moi!

PINSONNET, à part.
Ah ! que cette Chinoise est belle...
(Haut.)
Intéressante jouvencelle,
Vous êtes ici sous mon aile...
Parlez... que vous arrive-t-il ?

FLEUR-DE-THÉ.
Ah ! je cours le plus grand péril !...

PINSONNET.
Parlez, que vous arrive-t-il ?

COUPLETS

FLEUR-DE-THÉ.

I

Depuis longtemps ayant l'envie
De voir une cérémonie,
Je dis à papa ce matin :
Emmène-moi donc dans Pékin !
A ces mots son sourcil se fronce,
Un non bien sec fut sa réponse !

PINSONNET.
Dire non à gentil minois
Mon Dieu ! faut-il être Chinois !

FLEUR-DE-THÉ.

II

Bravant son ordre et sa défense,
Dans un palanquin je m'élance.
Je pars... mais un grand bruit soudain
Arrête mes gens en chemin,
Et ces esclaves sans courage
Me laissent là sur le rivage !

PINSONNET.
Abandonner joli minois,
Mon Dieu ! faut-il être Chinois !

FLEUR-DE-THÉ.
Si mon père apprend mon absence,
Hélas, je suis perdue...

PINSONNET.
                    Eh bien,
Votre papa n'en saura rien !

FLEUR-DE-THÉ.

Mais dans cette ville immense
Où je n'ai mis le pied jamais
Comment me reconnaître ?...

PINSONNET.

Eh mais !

Moi, je suis là...

FLEUR-DE-THÉ.

Quelle espérance !

PINSONNET.

Je vous reconduirai chez vous...
Mais pour prix de ma complaisance
Sur ce front si blanc et si doux
Qu'un baiser soit ma récompense...

FLEUR-DE-THÉ.

O ciel ! que me demandez-vous !

ENSEMBLE.

FLEUR-DE-THÉ.	PINSONNET
O pauvre Fleur-de-thé,	Cette jeune beauté
Je suis toute tremblante,	Me paraît ravissante
Et sa témérité	Et son sein agité
A présent m'épouvante !	La rend vraiment charmante !

PINSONNET.

Un petit baiser, c'est si peu de chose...

FLEUR-DE-THÉ, à part.

Allons... il vaut encore mieux céder... (On entend au dehors
des hurrahs et des cris.)

FLEUR-DE-THÉ, regardant au fond.

Quel est ce bruit ?... (Poussant un cri.) Ah! grand Dieu!...
c'est lui !...

PINSONNET, allant au fond.

Qu'est-ce qui vient nous déranger?... on n'a pas un instant
de tranquillité pour traiter ses affaires...

FLEUR-DE-THÉ, très effrayée.

Où me cacher?... Ah ! dans cette chambre !... (Elle entre à
droite au premier plan.)

1.

PINSONNET, au fond.

C'est l'illustre Tien-tien! Le chef de la police qui vient par ici... (Redescendant.) Mademoiselle, je... (Ne la voyant plus.) Tiens!... où est-elle passée?... elle est partie... que le diable emporte ce gros mandarin!...

SCÈNE IV

TIEN-TIEN, KA-O-LIN, PINSONNET, chinois, chinoises, marins français.

CHŒUR DE CHINOIS.

Vive le grand Tien-tien
Qu'il est beau, qu'il est bien!
Le grand Tien-tien!

Le mandarin
Le plus malin
De tout Pékin,
Dont l'esprit fin
Fait peur soudain
A tout coquin
Qui sous sa main,
Tombe un matin
C'est lui, c'est le grand Tien-tien,
Notre gardien
Et le soutien
De la veuve et de l'orphelin!...

Vive le grand Tien-tien
Qu'il est beau, qu'il est bien
Le grand Tien-tien!

TIEN-TIEN.

Très-bien, très-bien... Je suis populaire, je le sais... mais laissez-moi tranquille... (Il descend avec Ka-o-lin, les Chinois restent au fond, les Marins s'attablent, Pinsonnet les sert.)

TIEN-TIEN, sur le devant de la scène à Ka-o-lin.

Eh bien! Ka-o-lin, vous venez de visiter avec moi ce navire... que dites-vous des Français?

KA-O-LIN.

Ce sont des barbares... Voilà mon mot... est-il bon?

TIEN-TIEN.

Il est bon... je le savoure... conçoit-on, en voyant notre civilisation, qu'il y ait encore des peuples aussi arriérés?

KA-O-LIN.

C'est incompréhensible...

TIEN-TIEN.

Et avec ça une manière de s'habiller...

KA-O-LIN.

Ridicule... voilà mon mot... est-il bon?

TIEN-TIEN.

Il est bon... je le savoure... Donnez-moi la petite boîte que j'ai achetée à un de ces sauvages...

KA-O-LIN, fouillant dans ses poches.

Qu'est-ce que j'en ai fait... Ah! (Tirant de sa poche une tabatière queue de rat et la lui donnant.) La voici...

TIEN-TIEN, la prenant.

C'est pour ma collection de curiosités... Ils appellent ça une tabatière... il y en a d'autres qui disent : queue de rat... on n'est pas bien fixé... c'est plein d'une petite poudre noire qu'ils se fourrent dans le nez...

KA-O-LIN.

Comme ça doit les faire souffrir... D'où peut venir cet usage dénué de propreté?

TIEN-TIEN.

Je me suis laissé dire par un savant que c'était une coutume pieuse pratiquée par les hommes veufs... il paraîtrait que ces barbares font réduire leurs défuntes épouses en une poudre impalpable qu'ils aspirent incessamment... de sorte qu'après avoir perdu leurs femmes, ils continuent...

KA-O-LIN.

A les avoir dans le nez... pardon du mot.

TIEN-TIEN.

Il est bon... je le savoure... il est bon.

KA-O-LIN.

Dites donc, avez-vous remarqué celui qui avait le visage blanc et les mains couleur beurre frais?

TIEN-TIEN.

Parfaitement... un savant m'a expliqué ça... c'est une seconde peau qu'ils se font appliquer sur leur véritable peau... ils appellent ça des gants... c'est une invention qui a pour but d'éviter de se laver les mains...

KA-O-LIN, riant aux éclats.

Ah! ah! ah!... Ah! ah! ah!...

TIEN-TIEN.

Pourquoi riez-vous?

KA-O-LIN, reprenant son sérieux.

Je n'en sais rien... j'allais vous le demander...

PINSONNET, qui est descendu à son tour.

Est-ce que ces deux magots vont jacasser comme ça longtemps?... Oh! quelle idée!... C'est le moment de placer mon vin de Champagne... soyons adroit... (S'avançant.) Qu'est-ce qu'on pourrait bien vous servir... Kirsch... anisette... prune à l'eau-de-vie... chinois de la mère Moreau?

TIEN-TIEN, stupéfait.

Par le Dieu Fô! il me semble que ce barbare ose m'adresser la parole...

PINSONNET.

Tiens... pourquoi pas?...

TIEN-TIEN.

Tu ignores donc qui je suis.., jeune téméraire... Tu ne sais donc pas que tu as devant les yeux l'illustre, le célèbre Tien-tien... mandarin de première classe à boule de zinc... chargé par le Fils du ciel de la police générale de Pékin!

PINSONNET.

Commissaire... je connais ça.

COUPLETS.

TIEN-TIEN.

Je suis clairvoyant comme un sphynx!

KA-O-LIN, répétant.

Comme un sphynx!.

TIEN-TIEN.

Rien n'échappe à mon œil de lynx!...

KA-O-LIN.

Œil de lynx!

TIEN-TIEN.

Je sais tout!

KA-O LIN.

Il sait tout!

TIEN-TIEN.

Je vois tout!

KA-O-LIN.

Il voit tout!

TIEN-TIEN.

Et fourre mon nez partout!

KA-O-LIN.

Nez partout!

TIEN-TIEN.

Dans cette cité que j'inspecte,
C'est moi
Qui fait que partout on respecte
La loi!
Vois-je un mari dans l'adultère
Glisser?
J'engage sa femme à le faire...
Pincer!
Je suis clairvoyant comme un sphynx

KA-O-LIN.

Comme un sphynx.
Etc. etc.

TIEN-TIEN.

Confucius, notre grand maître,
L'a dit

Pour remplir ma charge il faut être
Hardi !
Nous nous moquons, nous autres braves,
Des coups,
Et j'ai souvent reçu de graves
Atouts !...
Je suis clairvoyant comme un sphynx.

KA-O-LIN, répétant.

Comme un sphynx.
Etc. etc.

PINSONNET.

Fort bien... et ce petit-là qui répète toutes vos phrases, c'est votre domestique ?

KA-O-LIN, furieux.

Domestique... moi!

TIEN-TIEN.

Domestique, lui !... du tout... c'est Ka-o-lin, l'indomptable, le valeureux Ka-o-lin... capitaine des tigres... mon futur gendre... demain il épouse Fleur-de-thé, ma fille unique...

PINSONNET.

Fleur-de-thé... un nom charmant... (A Ka-o-lin.) Capitaine, rendez-la heureuse !... Mais j'y songe, puisque vous allez vous marier, c'est le véritable instant de m'acheter un panier de vin de Champagne...

TIEN-TIEN.

Du vin de Champagne... pourquoi faire ?

PINSONNET.

Il demande pourquoi faire... ô veuve Cliquot pardonne à ce gros poussah !... (Haut.) Mais pour boire donc... ça mousse et ça petille... c'est un vrai vin de mariage... quand monsieur le tigre aura bu de ça il petillera...

TIEN-TIEN, à Ka-o-lin.

Qu'est-ce que vous en dites, Ka-o-lin ?

KA-O-LIN.

Ah bah !... pétillons, beau-père !... petillons, voilà mon mot !... est-il bon ?

TIEN-TIEN.

Il est bon... je le savoure... (A Pinsonnet.) Eh bien, va pour le panier de champagne... Tu le feras porter chez moi, rue des Bilboquets, 4 *bis*...

PINSONNET, enchanté.

Tout de suite, illustre Tien-tien.. (A part.) Enfin, je l'ai placé... (Haut.) Tout de suite... je descends à la cave et je vous envoie le colis... (Il sort vivement.)

SCÈNE V

TIEN-TIEN, KA-O-LIN, CHINOIS et CHINOISES, au fond

MARINS, attablés.

TIEN-TIEN.

Et maintenant, Ka-o-lin, retournons à la maison où votre jeune fiancée vous attend.

KA-O-LIN.

Retournons, beau-père...

TIEN-TIEN.

Ce qui me plaît, capitaine, c'est que pour un tigre vous êtes doux comme un mouton... vous faites tout ce que je veux... ça flatte un beau-père... mais vous en serez récompensé... ma fille est un trésor, Ka-o-lin... et élevée dans les grands principes... ça n'est jamais sorti... jamais!... heureusement... car la loi du Tssing est formelle... si un étranger venait à voir le visage de ma fille il faudrait qu'il l'épousât le jour même ou qu'il mourût... il n'y a pas à tortiller... on ne badine pas avec la loi du Tssing!... mais rassurez-vous... il n'y a pas de danger... Fleur-de-thé n'a jamais quitté sa chambre... Je la vois en ce moment, cette chère enfant... vous ne la voyez pas, vous... moi je la vois parfaitement...

KA-O-LIN, regardant autour de lui.

Vous la voyez... où ça ?

TIEN-TIEN.

Je la vois... avec mes yeux de père...

KA-O-LIN.

Vous voulez dire avec votre paire d'yeux...

TIEN-TIEN.

Chère enfant, elle est en train de me racommoder une douzaine de gilets de flanelle.

KA-O-LIN, avec sentiment.

On ne pourra pas dire qu'elle flâne, elle !

TIEN-TIEN.

Eh bien... Ka-o-lin! qu'est-ce que c'est que ça... je ne vous mènerai plus voir les Français... (Reprenant.) Et tout en faisant des reprises, elle pense à vous, Ka-o-lin... (S'attendrissant.) Son sein s'agite doucement comme la fleur du nénuphar au souffle du zéphir printanier... (Pleurant.) Elle se dit tout bas... (Sanglotant.) tout bas...

KA-O-LIN, pleurant.

Hi ! hi! hi !

TIEN-TIEN, changeant de ton.

Pourquoi pleurez-vous ?...

KA-O-LIN, très-tranquillement.

Je n'en sais rien... j'allais vous le demander.

SCÈNE VI

LES MÊMES, CÉSARINE, puis FLEUR-DE-THÉ.

CÉSARINE, sortant de droite.

C'est une horreur !... c'est une monstruosité... Je veux me plaindre aux autorités.

TIEN-TIEN, s'avançant.

Les autorités... vous les avez devant vous... qu'y a-t-il?

CÉSARINE.

Ce qu'il y a, mon brave homme, ce qu'il y a... il y a que là, dans la chambre à coucher, mon mari... un gredin... a caché une jeune Chinoise...

TIEN-TIEN.

Une Chinoise!... ceci rentre dans mon ministère... une
Chinoise!... Par le dieu Fô! je vais la faire sortir !... (Il va à
la porte de droite, tire Fleur-de-thé et l'amène en scène.)

FLEUR-DE-THÉ, se cachant la tête dans ses mains.

Je suis perdue !

TIEN-TIEN, la reconnaissant.

Ciel!... ma fille!...

KA-O-LIN, de même.

Ma fiancée!...

ENSEMBLE.

<table>
<tr><td>

TIEN-TIEN.

Ah ! quelle affreuse aventure !
Rien n'égale ma stupeur !
Eh quoi! cette créature,
C'était ma fille, ô douleur !

FLEUR-DE-THÉ.

Ah! quelle triste aventure !
Rien n'égale ma frayeur,
Et le tourment que j'endure
Brise et déchire mon cœur !

</td><td>

KA-O-LIN.

Ah! quelle affreuse aventure !
Rien n'égale ma stupeur !
Eh ! quoi c'était ma future
Dont on vante la candeur !

CÉSARINE.

Ah! l'étonnante aventure !
Rien n'égale ma fureur!
Ah! brigand, à ta figure
Je sauterais de bon cœur !

</td></tr>
</table>

CHŒUR DE CHINOIS.

Ah! l'étonnante aventure!

Rien n'égale sa stupeur.

Quoi! c'est là la fille pure

Dont on vantait la candeur!

CÉSARINE.

C'est justice que je réclame...

TIEN-TIEN.

Justice... vous l'aurez, madame...

FLEUR-DE-THÉ.

Écoutez-moi...

TIEN-TIEN.

Par le dieu Fô,
Taisez-vous, ma fille, il le faut!

ENSEMBLE.

<table>
<tr><td>TIEN-TIEN.</td><td>KA-O-LIN.</td></tr>
<tr><td>De fureur, de rage,</td><td>De fureur, de rage,</td></tr>
<tr><td>Sous un tel outrage</td><td>Sous un tel outrage,</td></tr>
<tr><td>Je me sens frémir !</td><td>Il se sent frémir !</td></tr>
<tr><td>Mais de cette offense,</td><td>Mais de cette offense</td></tr>
<tr><td>Je saurai, je pense,</td><td>Il saura, je pense,</td></tr>
<tr><td>Bientôt la punir !</td><td>Bientôt la punir !</td></tr>
<tr><td>FLEUR-DE-THÉ.</td><td>CÉSARINE.</td></tr>
<tr><td>Hélas! je présage</td><td>Ah! sous cet outrage</td></tr>
<tr><td>Un funeste orage</td><td>D'un mari volage</td></tr>
<tr><td>Qui me fait frémir !</td><td>Je me sens frémir !</td></tr>
<tr><td>Je crains sa vengeance</td><td>Mais de cette offense</td></tr>
<tr><td>Et tremble d'avance</td><td>Je saurai, je pense,</td></tr>
<tr><td>Pour mon avenir !</td><td>Bientôt le punir !</td></tr>
</table>

CHŒUR DE CHINOIS.

De fureur, de rage,
Sous un tel outrage
Il se sent frémir !
Mais de cette offense
Il saura, je pense,
Bientôt la punir !

KA-O-LIN, à Tien-tien.

La douleur m'accable, beau-père,
Et je sens fléchir mes genoux...

TIEN-TIEN.

Du nerf!... montrez du caractère !
Les barbares ont l'œil sur nous...

(Parlé.)

En avant arche!

REPRISE DE L'ENSEMBLE.

<table>
<tr><td>TIEN-TIEN.</td><td>KA-O-LIN.</td></tr>
<tr><td>De fureur, de rage, etc.</td><td>De fureur, de rage, etc.</td></tr>
<tr><td>FLEUR-DE-THÉ.</td><td>CÉSARINE.</td></tr>
<tr><td>Hélas! je présage, etc.</td><td>Ah! sous cet outrage, etc.</td></tr>
</table>

Tien-tien sort avec sa fille et Ka-o-lin. Le Chœur les suit et Césarine
reste seule en scène.

SCÈNE VII

CÉSARINE, puis PINSONNET.

CÉSARINE.

Ah! il y a longtemps que je me doutais de quelque chose...
Le brigand!... me tromper pour une Chinoise!... ça n'a pas
de nom!... aussi les ongles me démangent, me démangent...
Gare à lui quand il paraîtra devant moi...

PINSONNET, sortant de la cave avec un panier de vin.

Voilà la chose... (Allant à sa femme.) Ah! dis donc, Césarine.
je l'ai placé, ma biche, je l'ai placé... il faut porter ça chez
M. Tien-tien... rue des Bilboquets, 4 *bis*.

CÉSARINE, se plaçant devant lui.

Pinsonnet!...

PINSONNET, étonné, la regardant en face.

Ma poule...

CÉSARINE, lui donnant une paire de soufflets.

Tiens... tiens... voilà ce que tu mérites... Ah! ça sou-
lage!...

PINSONNET, stupéfait.

Hein? des giffles... parce que j'ai placé mon vin... Ah! ça,
madame, m'expliquerez vous...

CÉSARINE.

Ah! Sardanapale!... le pot-au-feu conjugal ne vous semble pas assez épicé, à ce qu'il paraît.

PINSONNET.

Le pot-au-feu...

CÉSARINE.

Il vous faut des petits desserts assortis... vous maraudez
dans les jardins défendus!... et pendant ce temps-là je m'a-
bîme le tempérament pour vous procurer toutes les délices de
l'existence... Sacrifiez-vous donc pour un homme, donnez-
lui vos plus belles années... voilà la récompense... Et quand
je pense que j'avais la bêtise d'aimer ce bédouin-là!...

PINSONNET.

Bédouin, moi!... Césarine, vous divaguez!...

CÉSARINE.

Mais j'en ai assez... ça va changer...

PINSONNET.

Comment, ça va changer?...

CÉSARINE.

Dieu merci, je suis encore de tournure à faire des con-
quêtes... et il y a des Chinois qui sont très-beaux hommes...
Je veux qu'on me fasse la cour... j'irai me promener aussi...
je ferai la coquette... je me pavanerai à mon tour...

PINSONNET.

Césarine, vous tombez en enfance.

CÉSARINE, marchant sur lui.

Et vous, monstre, vous resterez ici... vous garderez la
maison...

PINSONNET, reculant.

Ah! mais... je...

CÉSARINE, marchant toujours.

Et vous ne bougerez pas... (Levant la main.) ou sinon...

PINSONNET, reculant.

Césarine, pas de bêtises. (Il se trouve près de la porte de la cave
qui s'ouvre derrière lui.)

CÉSARINE.

Et pour commencer... (Le poussant dans la cave.) A la cave,
beau vainqueur... (Elle ferme la porte.) Et sous clef!...

PINSONNET, dans la cave.

Sapristi, mais je n'ai pas dîné!...

CÉSARINE.

Tant mieux... tu te serreras le ventre jusqu'à demain...
passe la nuit là, mon bonhomme, ça te rafraîchira les idées.

PINSONNET, frappant à la porte.

Allons, pas de plaisanteries... ouvre-moi...

CÉSARINE.

Demain matin, si vous êtes bien sage, nous verrons ça...
(Prenant le panier.) Quant à ce panier de champagne, c'est moi

qui le porterai chez M. Tien-Tien... (Elle le met sous son bras.
Bonne nuit, beau papillon, ne faites pas de mauvais rêves.
(Elle sort.)

PINSONNET, dans la cave.

Comment, elle me laisse là... Mais ça ne se fait pas, ces
choses-là... elle est mauvaise... Césarine!... Césarine!

SCÈNE VIII

FINALE.

PINSONNET, dans la cave, TIEN-TIEN, KA-O-LIN, SIX
ESCLAVES CHINOIS.

(Pendant la scène précédente, la nuit est venue peu à peu, l'obscurité est
complète. Tien-tien et Ka-o-lin, portant des lanternes et suivis de six
esclaves chinois entrent par le fond; deux des esclaves portent une
énorme boîte à thé, sur laquelle on lit : MÉLANGE D'AMATEUR ; les
quatre autres portent des lanternes.)

CHŒUR.

LES SIX ESCLAVES.

Avançons avec prudence,
Approchons, serrons-nous bien ;
Pour accomplir en silence
Les ordres du grand Tien-tien !

TIEN-TIEN et KA-O-LIN.

Avancez avec prudence,
Approchez, serrez-vous bien ;
Accomplissez en silence
Les ordres du grand Tien-tien !

KA-O-LIN, s'arrêtant.

J'ai peur, malgré moi je tremble...

TIEN-TIEN, le poussant.

Marchons, marchons en avant !

KA-O-LIN, s'arrêtant.

J'entends du bruit, il me semble !

TIEN-TIEN, le poussant.
Eh non! peureux, c'est le vent!

REPRISE DU CHŒUR.

Avançons avec prudence,
Etc., etc.

PINSONNET, dans la cave..
Ouvre donc!
TIEN-TIEN, désignant la cave.
Il est là!...
PINSONNET, frappant.
J'enrage!
TIEN-TIEN.
Eh vite! vite! à l'ouvrage!

Tien-tien s'approche de la cave et ouvre la porte derrière laquelle il se
trouve masqué.

TIEN-TIEN, imitant la voix de femme.

Allons, viens mon petit bichon.
PINSONNET, sortant de la cave.
Enfin te voilà raisonnable...
KA-O-LIN, aux esclaves.
Hop! le mouchoir!... Attention!

Les Chinois se précipitent sur Pinsonnet; on lui bande les yeux, on
lui met un mouchoir sur la bouche, puis deux Chinois le prennent par
les pieds, deux autres par la tête et le fourrent dans la boîte à thé.)

TIEN-TIEN, triomphant.

Je le tiens donc! ce grand coupable!
Pour le punir suivant la loi,
Vous allez le porter chez moi!
Allons, allons, suivez-moi!

Cortége et marche. Tien-tien en tête avec sa lanterne, Ka-o-lin derrière lui avec sa lanterne, les deux Chinois portant la boîte à thé dans laquelle est Pinsonnet ; et, derrière, les quatre autres Chinois portant des lanternes.

TIEN-TIEN.

Je suis clairvoyant comme un sphynx !

KA-O-LIN et le CHOEUR.

Comme un sphynx !

TIEN-TIEN.

Rien n'échappe à mon œil de lynx !

KA-O-LIN et le CHOEUR.

Œil de lynx !

TIEN-TIEN.

Je sais tout !

CHOEUR.

Il sait tout !

TIEN-TIEN.

Je vois tout !

CHOEUR.

Il voit tout !

TIEN-TIEN.

Et fourre mon nez partout !

CHOEUR,

Nez partout !

Le cortége se dirige vers le fond. La toile tombe.

ACTE DEUXIÈME

Le théâtre représente l'intérieur d'une habitation chinoise. Un divan à droite, un guéridon, chaises et tabourets.

SCÈNE PREMIÈRE

LES SIX CHINOIS, PINSONNET.

Au lever du rideau, les six Chinois déposent Pinsonnet sur un divan, lui ôtent le mouchoir qu'il a sur la bouche et se retirent après l'avoir salué.

PINSONNET, seul, se levant.

Où m'a-t-on conduit?... En voilà une aventure... (Regardant autour de lui.) C'est bien meublé ici... Si je comprends un mot à ce qui m'arrive... Voyons. Aurais-je séduit sans m'en douter une grande dame chinoise ?... Cette hypothèse me paraît assez naturelle... La grande dame me fait enlever... C'est encore très-naturel... Allons, allons, ça doit être ça... Pinsonnet, ce qui t'arrive là est flatteur pour toi, mon bonhomme... tâche de soutenir dignement l'honneur de la France... J'entends du bruit... la grande dame va surgir. (Se lissant les cheveux rapidement.) De la grâce... et le sourire sur les lèvres !...

SCÈNE II

PINSONNET, TIEN-TIEN, KA-O-LIN, QUATRE SOLDATS
CHINOIS armés.

TIEN-TIEN.

Ka-o-lin... faites garder toutes les issues... mettez deux
tigres à chaque porte. (Ka-o-lin place deux tigres aux portes du
fond.)

PINSONNET.

Tiens, c'est le commissaire et le capitaine.

TIEN-TIEN, à Ka-o-lin.

Bien !... (A Pinsonnet.) Tu le vois, toutes les mesures sont
prises pour que tu ne puisses t'échapper d'ici... A la moindre velléité d'évasion, les tigres qui entourent ma maison
ont l'ordre de t'exterminer sans pitié

PINSONNET, avec force.

Je proteste contre la violence.

KA-O-LIN.

Paix ! d'abord !

PINSONNET.

Oui, capitaine !

TIEN-TIEN.

Précisons la situation... je suis un des plus riches mandarins du céleste Empire... je possède deux rues dans Pékin,
une maison de campagne à Nankin et cent dix-sept domes-
tiques des deux sexes... Toi, tu n'es qu'un simple barbare
de la plus basse extraction, un être sans éducation et sans
fortune — ce qui est pis encore. — Enfin pour me servir
d'une expression que j'ai entendu employer par un savant
lettré... tu n'es qu'un pignouf. Voilà mon mot.

KA-O-LIN.

Il est bon, je le savoure.

PINSONNET.

Ah! dites donc, permettez.

KA-O-LIN.

Paix ! Donc !

PINSONNET.

Oui, capitaine.

TIEN-TIEN.

Ceci posé, voici la conclusion : Tu vas épouser ma fille.

PINSONNET.

Moi !...

TIEN-TIEN.

Ou dès ce soir, tu seras empalé...

PINSONNET.

Empalé !

TIEN-TIEN.

Ainsi le veut la loi du Tssing...

TRIO

TIEN-TIEN.

La loi du Tssing est fort claire,
 On ne peut lutter.
Il serait trop téméraire
 De lui résister.
Elle ordonne qu'on épouse
 Ou qu'on soit occis,
Article quatre-vingt-douze
 Du chapitre six.

PINSONNET.

Sapristi, je la trouve raido,
Votre loi du Tssing.

TIEN-TIEN.

    Consens-tu ?

PINSONNET, à part.

C'est sans doute une fille laide
Bancale, rousse, au cou tortu
Et d'un placement difficile...

Haut.

Ce que vous m'offrez-là, seigneur,
Pour moi, j'en conviens, est flatteur.

www.ingramcontent.com/pod-product-compliance
Ingram Content Group UK Ltd.
Pitfield, Milton Keynes, MK11 3LW, UK
UKHW020104100726
13658UKWH00004B/1970